꽃 피는 모든 순간

꽃 피는 모든 순간

초판 1쇄 발행   2025년 7월 15일

지은이 | 박문순
만든이 | 이한나
펴낸이 | 이영규
펴낸곳 | 도서출판 그린아이

등록 연월일 | 2003. 12. 02.
등록 번호 | 제2-3893호
주소 | 서울특별시 은평구 녹번로 6-11, 201호
전화 | 02)355-3035   팩스 | 031)965-4679
이메일 | gmh2269@hanmail.net

ⓒ박문순, 2025

책값은 뒤표지에 있습니다.
잘못 만들어진 책은 바꾸어 드립니다.
무단 전재 및 복제를 금합니다.

ISBN 979-11-91376-53-1(03810)

꽃 피는 모든 순간

박문순 제4시집

그린아이

시인의 말

오늘도 나는 마음의 창을 활짝 열고
파랗게 깔아놓은 시의 잔디 위를 조심스럽게
한 걸음씩 걸어서 나아갑니다.

행여 다칠세라 가슴 조이며 내어딛는 발자국마다
쓰러졌다가 다시 일어나는 갈대처럼
모래 속에 숨겨놓았던 내 보석 같은 시의 알갱이들이

투명한 쟁반 위를 또르르 굴러가는 언어의 소리로
자욱한 새벽안개 속에 이슬을 머금고

파랗게 피어나는 풀잎사귀 위를 방울방울 맺혀서
은빛 햇살 따라 사뿐사뿐 걸어가려 합니다.

2025년 6월
은유 박문순

시인의 말 * 4

제1부 모든 순간이 꽃이다

기웃거리는 봄 * 12
모든 순간이 꽃이다 * 13
툭 불거진 눈 * 14
꽃비 * 15
봄이 오는 길목에서 * 16
매화꽃 * 17
돌멩이에 차여도 * 18
초록 민들레 * 19
자목련꽃 필 때 * 20
꽃들의 대화 * 21
봄비 * 22
봄을 캐다 * 23
목련꽃등 * 24
봄피리 부는 계절 * 25
개망초 * 26
봄나들이길 * 27
따뜻한 그림 한 폭 * 28
꿈을 열다 * 29
바람난 봄바람 * 30
봄비 오는 소리 * 31
마음 설레던 날들 * 32

제2부 지혜의 숲으로

추억으로 가는 길 * 34
아버지의 흰 고무신 * 35
바다 갈매기 * 36
노송 이야기 * 37
여름 풍경 * 38
장맛비 * 39
어느 여름날 * 40
물오리 가족 나들이 * 41
계곡에 마음을 묻고 * 42
갯벌 * 43
여름 한복판에 * 44
지혜의 숲으로 * 45
구름이 * 46
폭포수에 어리는 무지개 * 47
더위야 가라 * 48
불청객 * 49
밤바다와 불면증 * 50
공동생활 * 51
달리다 * 52
보리수 * 53
등나무 아래서 * 54
소나기 지나가거든 * 55
따돌림 * 56

차례

제3부 석양에 핀 들꽃

갈대 * 58
네잎클로버 * 59
작별 인사 * 60
길 위에 시를 쓰다 * 61
황금 들길 * 62
타는 목마름 * 63
가을 하늘 아래서 * 64
조롱박 * 65
밤송이 * 66
가을 문학기행 * 67
열차여행 * 68
우리들의 역사 이야기 * 69
준비되지 않은 가을 * 70
내 생에 빨간 신호등 * 71
그대 떠나고 * 72
태양 아래 그늘 되어 * 73
노을 * 74
열매와 씨앗 * 75
가을을 보내며 * 76
서릿바람 * 77
가을 끝자락에 * 78
환상의 빛 * 79
자아의지 * 80

제4부 내가 부를 수 있는 이름

동면에 하는 여행 * 82
내가 부를 수 있는 이름 * 83
눈 덮인 길을 걸으며 * 84
눈 오는 날 * 85
하얀 꽃샘추위 * 86
동백꽃 * 87
겨울 한복판에 * 88
초겨울 풍경 * 89
물 위에 쓴 편지 * 90
여물통 * 91
고난의 날들 * 92
삼세번 * 93
나이테 세어가며 * 94
바람 업고 가는 구름 * 95
감자 * 96
단호박 * 97
동네 한 바퀴 * 98
잔나비처럼 * 99
눈 치우기 * 100
겨울 문턱에서 * 101
초겨울 * 102
또 한 해를 보내며 * 103

작품 평설 삶의 모든 순간이 자연과 사람과의 어울림 * 105

제1부

모든 순간이 꽃이다

기웃거리는 봄

발길 뜸한 산기슭에
나무들의 속삭임
유난히도 바쁜
산새들의 속삭임

지나가는 솔바람에
산 버들강아지 뽀얗게 피어 반겼다

소리내지 않고 다가갔더니
배시시 눈뜨는 복수초

산수유나무 곁가지엔
봄을 품고 꽃망울이 노랗다

모든 순간이 꽃이다

멀리 아지랑이 피어나고
매화가지에는
꽃눈이 부풀었다

뒤질세라
산수유 가지에도
노란 멍울 두근두근

버드나무 연두색으로 물젖어
봄 언덕에 풀던 날

하늘에 새털구름 떠다니며
물구름 집짓고
흥에 겨워 장단 맞추니

봄바람도 사달 나서
몸부림으로 화답하는
모든 순간이 꽃이다

툭 불거진 눈

갑자기 소나기 지나가더니
떨기나무 비집고
빨간 장미 몇 송이

가시에 찔린 꽃잎
붉은 핏방울인 듯 맺혀
이슬방울로 흘렀다

꽃 피우려던 조바심
눈물을 먹고 살을 먹고
숨가쁜 날 살아남아서
찢겨도
다시 피어나는 꽃이다

꽃비

햇살 받으며
하얗게 핀 벚꽃
손사래 칠 때

개나리 울타리에도
노란 봄옷 갈아입으면
강남에서 제비 떼 날아오고

꽃들 사이에 머물다 가는 봄바람
회오리치면
꿀벌들 윙 윙 날갯짓한다

활짝 꽃잎 열고
향기를 뽐내며
서로 봄맞이 분주하다

봄이 오는 길목에서

골짜기에 깔린 하얀 카펫
걷어 치우고
나뭇가지 뽀시시 기지개 켠다

개울가 버들강아지
연초록 날개에
꽃샘바람 앞세우고

양지바른 등성이에
날개 살짝 아지랑이 타고
발걸음 재촉하며

안개 자욱한 사패산
허리춤에 봄 편지 끼워 넣고
숨가쁘게 달려온다

매화꽃

꽃샘바람에 소스라쳐
꽃망울을 밀어낸다

하늘은 차고 높고 파랗다
바람 속에서 흔들리며
짧은 봄 햇살에
꽃봉오리 하나 둘
톡 톡 터트리고
뿜어내는 매화향기

따스한 햇살이
꽃봉오리 비비고 만지작거려
아! 눈부신 빛 환하다

돌멩이에 차여도

아지랑이 굴러오는 봄
홍매화 한 가지 꺾어
강물에 띄우고 돌아보면

지는 해 그림자
물길 따라서
노을도 흘러 흘렀다

스쳐가던 바람
산비둘기와 무슨 얘기 나누었을까

발길에 차이는 작은 돌멩이
가는 길 조심하라고
속삭이고 굴러갔다

초록 민들레

초록향기 봄을 부르고
꽃샘바람 나비 등에 업혀
개나리 울타리에
사뿐히 앉았다

꿀벌들이 날아들어
노란 꽃가루 묻혀놓고

쑥을 비집고 나온 민들레꽃 위에
꽃가루 한줌 얹어주고

먼바다까지 실어가면
해초로 피어나는 파란 민들레

자목련꽃 필 때

자목련꽃 진 자리
라일락꽃 향기
가득 풍겨온다

공원길 옆에 꽃사과
작은 꽃잎 눈부시다

바람이 불 때마다
흩날려온 송홧가루
꽃잎에도 앉고 풀잎에도 앉고
내 어깨에도 앉으면
봄바람 탓이라
풀피리 부는 소리

꽃들의 대화

산기슭에 만발한 철쭉꽃
어엿하게 동산 허리를 물들였다

밤새 이슬에 젖은 달맞이꽃
내 그리움에 물그림자처럼
고개 숙여 서 있다

물봉선화 꽃잎 속에 숨겨진
연약한 순정이
기다림에 눈물로 맺히었다가
개울물에 떨구었다

혼자만 들을 수 있는
나비의 입맞춤
묻어둔 그리움의 소리를
바람이 들려주었다

봄비

스쳐 지나치는 사람들 뒤에서
까치가 까악 까악
불러댄다

하늘을 올려다보면
멀리 물안개 피어나
비릿한 봄풀 내음 풍겨

파란 숨결 가쁘게
살랑살랑 춤추고

이른 비 늦은 비 개의치 않고
풀줄기 지천에 널려
환상처럼 마음 설레었다

봄을 캐다

산기슭 잔디를 비집고
파릇파릇 사방에 널려 있는
봄쑥과 망초 새순 씀바귀
정신없이 목 베어
비닐봉지에 가득 채웠다

앙증맞은 제비꽃 시샘하듯
꽃대를 꼿꼿이 세워
도리질한다

화살나무 비집고 찾아든 새들 노랫소리
귓등에 매달고
한참을 비탈진 언덕에 거꾸로 박혀
봄을 캐는 한나절

떠도는 하얀 구름송이 재촉에
비틀대며 집으로 달려가는
내 발자국 소리 무겁다

목련꽃등

방긋방긋 웃으며
우리집 거실을 엿보는 하얀 얼굴

억만개의 새하얀 꽃등
내 머리에 밝히고 피었다

눈부시게 쏟아지는 햇살이
굴절되어
물결처럼 출렁이며

천상에서 비춰주는 조명등
온몸에 비추니
영혼의 무대 위에 선 것 같다

봄피리 부는 계절

꽃향기 가득 싣고 오는 봄바람이
매화나무 불거진 마디마다
사랑을 고백한다

고개 너머 밭두렁에
여린 보리 새싹 나올 때

노랗게 피어난 산수유꽃 보면
세월이 흘러도
만나고픈 얼굴 생각나

버드나무 줄기 꺾어
봄피리 만들어
마음속 맴도는 말
피 리 피 리 불어제쳤다

개망초

풀섶 한 무더기
하얗게 자리 차지했다

이름도 어설픈 그 꽃
인고의 꽃으로 피었다

이슬방울 모아 핀 꽃
황금비녀 꽂고

여인네 치마폭에 꿈꾸는
꽃술은
시간만 가라 한다

봄나들이길

햇살도 비껴가는 나무 사이에
소슬바람 살랑살랑
나뭇잎 팔랑 귀가 열리면

긴 잠에서 깨어난
버들강아지 기지개 켠다

모처럼 하는 봄나들이길
들판에 파릇파릇 돋아난
풋풋한 향기에 마음 뺏기고

멀리 봄안개 피어오르는 산
소쩍새 풍년 알리며 소 쩍 쿵
전설 같은 이야기
봄을 끌고 간다

따뜻한 그림 한 폭

입춘 반기며
풀뿌리 송곳날 세울 때

산언덕에 피워내는
초록전쟁 한창이구나

추위와 가난을 짊어진 삶의 무게
고난의 시간 묶어놓고
불어오는 바람도 외면하는데

오랜 세월 키워낸
감나무가지 사이에
걸친 노을은
낡은 그림자를 붉게 그려놓았다

꿈을 열다

달개비꽃 두 입술
보랏빛 날개가
풀섶에 피어 눈웃음 짓네

어린 꽃잎에
사뿐히 내려앉은 흰나비
꽃술에 매달려
하얀 날개 접고
그윽한 향기에 취했나 봐

살그머니 더듬이 내밀고
꿈틀거리는 환희
나의 영혼 깨워주네

바람난 봄바람

풋풋한 향기 가득 담고
피어난 진달래꽃
산등성이에 붉게 물들었다

산수유꽃도 어울려
크고 작은 눈 희번덕거리면
봄바람 다가와서 응원한다

하늘에 뭉게구름 떠돌고
길 위에 자동차 행렬
하늘길 가르고
줄지어 날아가는 기러기 떼 같다

햇살 동행한 봄날은
짙게 부풀어오른 봄 산언덕에
오색 꽃바람 불고 있다

봄비 오는 소리

얼음 풀린 양지쪽 언덕에
새싹들 꿈틀대고
흙을 뚫고 풀뿌리들 꼬물대며
봄을 부른다

먼산 아지랑이
봄 언덕 비비대고
남풍은 나무 사이 헤집고
에돌아 몸부림한다

머리카락 귀뿌리 간질이며
얼굴에 헝클일 때
발가락이 운동화 속에서 꼬무락대며
귀갓길 재촉이다

재 넘어 지는 해 아쉬움 속에
까치도 하루를 접고
멀리 날아갔다

마음 설레던 날들

전화벨 소리
귓바퀴에 뱅글뱅글 매달고
만날 장소와 시간 약속한다

친구의 앳된 모습 새록새록 기억하며
참석한 동창모임
옛모습 간데없고
추억만 가물거렸다

허기진 세월 움켜쥐고
커피하우스에 마주앉아
진솔한 마음 아우르는
끈끈한 인연이어라

하얀 구름꽃 얹어 있는 너와 나
그대 있음에 고맙고
살아 있어 더욱 감사한
친구 마음 오래 간직한다

제2부

지혜의 숲으로

추억으로 가는 길

목화솜처럼 떠가는 물구름
방울방울 엮어서
성급히 다가오는 계절에

휘굽어든 산길 따라
저만치서 내 이름 부르며
손짓하시던 아버지

쇠꼴 한 짐 지고 돌아오시는
아버지 지게 위에 풀냄새
저녁 바람에 부풀어 춤을 춘다

아버지의 흰 고무신

헌칠하게 키 크신 나의 아버지
바지저고리에 흰 고무신 신고
곡식자루 메고 장에 가시던 모습

멋진 양복에 구두 한 켤레
사드리지 못한 아쉬움
언뜻언뜻 스치면 후회스럽다

살아계실 때 작은 일에 효도 못하고
무에 그리 어렵다고
벼르다가 말았다

이 봄도 매화꽃 활짝 피면
아버지 추억으로 홍매화 한 가지 꺾어
앞개울 흐르는 물에 띄워 보낸다

바다 갈매기

길게 뻗은 백사장 물길 따라
은빛 날개 넓게 펴서
바다로 숨어드는 갈매기 떼

낭만을 불러오는 젊음의 소리
수평선 속으로 잠긴다
파도에 끌려가는 울렁대는 소리

어둠의 그림자 짙어지고
물꽃 피워 넌출대는 바다 향해
손을 뻗쳐도 너무 멀다

두 팔 벌리고 모래밭을 달려가면
수런대는 바람소리
가슴에 안겨든다

노송 이야기

나그네 발길 끊임없이 찾아드는
짙푸른 숲길 정동진

동해바람 안고 우뚝 서서
역사의 많은 사연 안고

자연 속에 풍성한 이야기로
추억 담고
묵묵히 서 있는 노송나무

한 아름 바다를 안은 저 나무
잠시 머무는 흰구름처럼
물빛으로 파랗게 젖었다

여름 풍경

벚꽃 밀어낸
꽃받침 붉은 입술에
연초록 이파리
솔바람 타고 다가온다

길가에 쥐똥나무
하얀 팝콘 튀겨내고
어디서 왔는지 꿀벌은
꽃잎 사이 누비며 윙윙

풀섶에 민들레꽃 지고
방글거리며
피워내는 민들레 홀씨
바람에 날려간다

철없이 재촉하는 여름
뜨거운 햇살 불러들이면
땡볕 피해 찾아드는 길손
이마에 흐르는 땀 씻어낸다

장맛비

차창에 부딪혀서 흘러내리는 빗물
또르르 굴러서
얽히고설켜서 쌓이는 은구슬

묵직하게 어둠 깔린 거리를
가로등 불빛 따라
마을버스 이 골목 저 골목
가다가 멈추고 멈췄다 또 가고
신호등과 숨바꼭질한다

집으로 가는 길
숨가쁘게 퍼붓는 빗줄기
검정우산 꼭대기서
히말라야 등반하다가
신발 속으로 촉촉이 젖어든다

거세지는 빗줄기에 피로해져서
첨벙거리며 골목을 벗어났다

어느 여름날

질퍽거리며 내려온 산길
눈부신 햇살에 손으로 동공을 가리며
찾아드는 나의 보금자리

산허리 감고 지는 저녁노을
여백에 담아
가는 임 등뒤에 그늘 지우고

한적한 공원 나무의자에
새처럼 모여앉아 정담 나누는 흰 머리
시간 가는 줄 모르다가

산꼭대기 까치가 푸드득 날며
연한 깃털 날리면
모두들 깃털처럼 흩어져 간다

물오리 가족 나들이

물오리들이 가족 나들이 한다
하늘 한 번 올려다보고
기우뚱대며 앞서는 어미 오리

파닥거리며
작은 엉덩이 흔들어대며
종종걸음으로 쫄랑쫄랑 새끼 오리

가다가 물속에 뛰어들어
노란 부리로
돌틈 사이 먹이 찾아 콕콕

계곡에 마음을 묻고

불볕더위 피하여
넓은 산골짜기 찾아들면
신의 놀라운 솜씨에 빛나는
푸른 청평호

작은 스위스 마을
고즈넉한 공간에
내 마음을 묻어놓고서
시원한 바람 스치는 숲속 카페에 앉아
입안 가득 커피향을 음미한다

더위를 식혀주는
청평 수상 스키장 물결 가르며
곤두박질치는 인어 모습
물꽃이 하얗게 부서지고
무지개가 따라간다

갯벌

갯바람은 살랑살랑
두 볼을 스쳐가고

눈이 부시게 파란 하늘에
드문드문 구름이 흐르고

먼바다 물결 반짝반짝
은빛 물방울 만들어낸다

파도가 쓸고 간 갯벌에 엎디어
조개 줍는 아낙네들
갈매기 울음소리에 깜짝 놀라서
갯흙 묻은 얼굴 들고
밀려드는 물결 바라본다

여름 한복판에

하늘에 구름꽃이 피어오르듯
산기슭에도 들꽃이 만발이다

초록 잎사귀 경쟁하며
춤을 추는 계절이다

꽃바람 시새움에
이팝나무꽃 무더기로 매달려
산벌을 유혹한다

땅거미 드리운 골짜기
산까치 모여 놀다가
어둠 뚫고 제집 찾아 날아간다

지혜의 숲으로

멀리 산기슭에
푸른 잎들은 무성한 시어를 매달고
은혜의 숲으로 인도한다

잔잔히 스며드는 아침 안개
발길에 차이는 이슬 밟으며
풀들과 대화를 나누며
지혜의 글밭을 걸어간다

초록색 꿈 부풀면
욕심 내려놓고 홀가분히 나아간다

뜨겁게 목숨 걸고 소리치는 매미
사람 됨됨이 겸손하라는
가르침의 소리다

구름이

장맛비 쏟아 붓고 난 오후
변덕 날씨에
폭염이 내리쬐는데
도봉산 둘레길에서 힐링한다

파란 하늘에 구름이
떠다니며
넓은 하늘 운동장에서
술래잡기하더니

재잘대는 새소리 들으며
걷는 이 길에
비를 가득 실은 먹구름
저만치서 몰려온다

폭포수에 어리는 무지개

보석같이 빛나는 햇살 아래
나무와 들꽃 북한강 끌어안고
싱그러운 바람 나를 부른다

수려한 산세 짙은 향기에
가슴 뻥 뚫리고
하얗게 쏟아내는 산정호수 폭포
뜨거운 태양과 맞장뜬다

물안개 아련히 감도는 폭포에
물무지개가 어리어
들뜬 마음 내려놓은 달콤한 하루

더위야 가라

매미가 느티나무 꼭대기에 앉아
목이 터지게 울어댄다

폭염이 꼬리 내린 입추
잠자리 떼 몰려와 술래잡기한다

더위를 벗은 허수아비도
참새 떼를 쫓아내고 있으니

나도 모르게 바람 따라 사바나 열기를 날리며
숲속을 걷는다

불청객

밤새도록 퍼붓는 장맛비
하늘은
며칠째 해를 숨겼다

성난 빗줄기가
산비탈을 달음질할 때
한해 농사 쓸려갔다

거친 숨 토해내며
강으로 바다로 달려가는 물줄기
산천에 울음소리 넘쳤다

발 동동 구르며 무너지는 가슴
나랏님도 아는지
하늘만 올려다본다

밤바다와 불면증

바다향기 그윽한
해변의 밤
모두 잠들어 고요한데

가로등 불빛 속 불면증에
자동차 달리는 소리
밤을 깨운다

코끝에 스치는 솔향기에
하늘의 별들 쏟아지고

커피향기 한입 물고
별들과 술래잡기 한바탕
그림자 밟고 가는 밤바다

공동생활

마음 울적할 때 찾는 중랑천
한발 두발 돌다리 건너뛰면
물속 고기 떼 우왕좌왕

먹구름 앞세우고
갑자기 쏟아지는 소나기에
돌틈 사이로 숨기 바쁘다

공동생활에 익숙한 물고기
해가 내리쬐고 비가 내려도

거센 용트림으로
물거품 거슬러올라 그들만의
자유를 누리는 물고기에서
더불어 사는 법을 배운다

달리다

감나무 위를 기어오르는 담쟁이
상처를 터트려 피가 맺혀도
부딪쳐 쓸어안고 몸부림치며
나무 꼭대기 매미 목청 높은 구령소리에

헉헉 가쁜숨 몰아쉬며
허리를 감아 돌리는 훌라후프
담쟁이넝쿨처럼
마지막 고지를 향해
휙휙 바람소리를 내고 돌아갔다

바람에 실려 오르내리는 잠자리 떼
술래잡기하다가
지는 해 꽁무니 붙잡고
하늘 저편 끝을 향하여
나를 이끌어 갔다

보리수

다섯 갈피 꽃잎이
소녀 마음 흔들어 놓은
담황색 얼굴

한여름 땡볕 견디고
빨갛게 익어
나에게 다가오는 설렘
열매처럼 가슴 뜨겁다

학교길 오가며 키재기하던
소녀시절
입속에 녹아내리던 그 향기
아리한 추억으로 나를 끌고 간다

등나무 아래서

너 없이는 못살아
볼 비벼대며 자라는 등나무넝쿨
가지런히 땋아 올린 머리
여린 줄기 마디마다 돋아나는 꽃향기

불볕더위에 축 늘어져서
목말라 비틀거릴 때
잽싸게 찾아온 소나기 한바탕
등꽃이 신바람났다

참 고르지 못한 날씨건만
살아나 그늘막이 되어주는 등나무 아래
모처럼 모여 마음을 이어놓고
이야기들이 등꽃처럼 주렁주렁 피었다

소나기 지나가거든

바람 꽁무니 따라온 먹구름
소나기 한바탕 퍼부었다

느티나무 꼭대기 까치가
청청히 깔아놓는 소리에
날아온 잠자리 떼 회오리친다

처마 끝 제비집
노란 주둥이 내놓고 짹 짹짹
제비 새끼들 울어대면

구름모자 쓰고
기우뚱 지는 해
하늘을 붉게 물들인다

따돌림

무심코 내다보는 유리창 너머
찬바람 스쳐간다
햇빛에 반사되어 눈이 부시고
새털구름이 흘러간다

길가에 빨간 백일홍
곱게 피어 있고
꽃대끼리 기대어
굽은 등 의지하고 영글어가는
씨앗에 앉은 호랑나비

외로울 때 친구가 되어주는 듯
늦여름 만개한 꽃잎에
잠시 쉬어가는 나비야!

제3부

석양에 핀 들꽃

갈대

전설처럼 이어가는
갈대밭에

바스락 바스락 고개 숙이고
소곤거리며
휘어질 듯 휘어질 듯
바람도 비껴가는 갈대야

겨울 이야기
갈대 이야기

추수 끝난 뒤 둑방에
휑한 바람 차가운데
꺾이지 않는 가지마다
옹이 박아놓고

풀어 헤친 은발에
윙윙 불어대는 바람 이야기

네잎클로버

눈앞에
수없이 깔아놓은
행복을 외면하고

잡을 수 없는
행운을
찾아 헤맨다

어리석은 생각과
잡념이
머릿속을 헝클어 놓고

네잎클로버
뜬구름 잡기에
동공이 술래잡기를 한다

작별 인사

나뭇가지에 매달려
목이 터져라
울어대는 매미

햇볕이 뜨거워
치마폭을 달싹이며
매앰맴 맴맴

내 알 것 무어냐
뙤약볕 마구마구
내려 쏘아대고

어쩌다 바람이
놀러 오면
나뭇잎이 가로막아

나뭇가지에 찰싹 붙어서
매앰맴
작별 인사 한다

길 위에 시를 쓰다

뭉게구름 떠다니는
산등성이
시리도록 새파래지는 하늘
새록새록 추억 담아
어딘가로 자꾸 걸어 나가고 싶다

울긋불긋
저녁노을 질 때
덜 익은 감 닮은 내 마음
목적 없는 나들이길 떠나고

이렇게 걷는 것만으로
아련한 기억을 되살려
한 줄 시로 마음 달래본다

황금 들길

낙엽 쌓인 언덕 위에
쏟아지는 햇살 밟고
논두렁길을 걸어간다

눈이 부시게 깔아놓은
가을들판 황금길을
한 걸음씩 내디딜 때마다

귀뿌리를 흔들며
바스락 바스락 톡 톡 톡
메뚜기 튀어가는 소리

아이의 가던 발길 멈추고
튀는 메뚜기 따라잡기
가슴이 콩닥콩닥 함께 뛴다

타는 목마름

모처럼 찾아간 월곡산
팔각정 아래 들꽃 향기 속에
산까치 재롱이 귀엽다

구름 한 점 없는 하늘
가뭄은 비를 잊었는지
산길은 뜨겁기만 하다

비둘기 목말라 바위틈새 쪼아대고
산을 찾는 이들
발걸음 무겁기만 한데

새털구름이 몰고 오는 비 소식에
나무 꼭대기 참새 떼 몰려와
요란스레 비를 부른다

가을 하늘 아래서

잔잔한 호수에 팔딱거리며
튀어오르는 시어를 낚아올려

한 겹 새끼줄에 꿰어
바람 그늘에 잠재우고

아직 끝나지 않은 삶의 날들
햇살 업고 다가오는데

하늘에 뭉게구름 여기저기 집짓고
시월의 정취 맘껏 피워내면

가을 향기 가득 실은
눈요기로 허기진 영혼 달래본다

조롱박

등넝쿨 얽히고설켜
보라꽃들이
주저리주저리 피어 있는
고향집 뒤뜰

시샘도 투정도 부리지 않고
산 넘어 불어오는 바람소리에
차곡차곡 쌓여진 시간을 잡고

박꽃 피어낸 뒤꼍에
조롱조롱 모여앉아
이야기꽃 피우던 그리움

내가 느끼는 이 행복을
조롱박 속에 가득히 채워넣는다

밤송이

산비탈 밤나무에 밤송이 주렁주렁
시원한 가을바람 알밤이 영글었다

나그네
멈춰선 발길
망부석이 되었다

밤나무 가지 아래 길손들 멈춰 서서

떨어진 밤송이에 알밤이 튀어나와

밤 한 톨
주워들고서
웃음꽃이 피었다

가을 문학기행

하늘에 뭉게구름 길동무 해주고
햇살 따라
시원한 바람 향기 코끝 스친다

진녹색 곡식들 가을 들판에
결실의 숨고르기 하는데

처처에서 모여든 시우詩友들
심훈 선생 나라사랑
상록수 정신 일깨워
교훈을 마음에 새기며

김대건 신부 발자취 더듬어
솔뫼공원에 믿음 심어놓고

저녁노을 속 귀갓길
스치는 가로수 윙윙 소리 뒤로하고
버스 계속 달린다

열차여행

가슴 뛰는 여행길
소곤소곤 담소를 나누며
떠나는 영월 문학기행

주고받는 대화 속에
여름 햇살처럼 따끈따끈한
우리들의 열차여행

차창밖에 스치는 바람도
공중의 새들도
재잘재잘 환영하는 여행길

단종의 외로움 달래주는
동강 서강 함께 모여
동서강 이루어
잔숨결 따라 흘러간다

우리들의 역사 이야기

석양으로 물든 하늘에
저녁별 반짝일 때

바다 건너 먼 길
끝없는 물결 솟아남같이
시간의 시음성 저울질한다

얼마나 많은 생존의 시간 속에
두려움 없이 맞이하는
수수께끼 같은 이야기

어제 오늘 그리고 내일의 역사는
과거와 현재의
끊임없는 대화를 이어간다

준비되지 않은 가을

가을을 재촉하는 햇살 업고
무사히 산행을 마치고 나니
빨간 두 볼에 땀방울 흘러내린다

찬바람에 쫓겨 가는 가을햇살
나무 사이 비집고
나를 훔쳐보며 유혹한다

어둠에 깔린 산자락에
인적 끊긴 공원 한쪽 나무 꼭대기
까치가 까악 깍 울어대고

이 가을 된서리 비껴가지 못한
메뚜기처럼 비척이며
나는 또 서투른 걸음마를 한다

내 생에 빨간 신호등

힘들고 막막한 일 당할 때
가슴 한쪽에 빨간불 켜놓아
조급한 마음 절제한다

날마다 경험하는
삶의 한계를 파기하고
바람은 무거운 짐 싣고 달아난다

내 삶 속에 신호등 파랗게
고즈넉이 내릴 때
하늘에 기러기 떼 줄지어 날아간다

그대 떠나고

참새 떠난 빈 둥지
겨울 짧은 해 지고
머리에 찬서리 내려 소복이 쌓였다

더 늙기 전에
남편과 여행 떠나고 싶은데

함께할 수 있어서 고맙다고
손잡아 주며 속삭이던 그 말

차가운 돌담 벽에
뜸부기도 함께 울었다

태양 아래 그늘 되어

추수 끝낸 가을 들판
청명한 하늘 아래
몸이 갈라져

숨막히도록 답답한
형체 없는 골짜기마다
멍든 흔적 가슴이 조여온다

밤새도록 뒤척이다가
충혈된 두 눈에
고인 눈물은 내를 이루어

방울방울 맺힌 눈망울에
애타게 기다리는 가슴은
태양 아래 드리운 그늘이어라

노을

넓은 대지 위에 수를 놓은
저녁노을
어두움에 밀려가는 하늘 끝에
      회색 땅거미가 집을 짓는다

    하루 일을 끝내고
      굽은 등허리를 두들기며
멀리 해떨어지는 하늘을 본다

붉은 노을 저편에
해와 달이 숨바꼭질하고
별들 춤추며 어둠을 밝힌다

    또다시
    동녘에 밝은 해가 떠오르고
      다가올 내일의 희망을 꿈꾸며
분주했던 하루를 마감한다

열매와 씨앗

매화꽃 떨어져간 자리
상처의 아픔 딛고
흐드러지게 열매를 맺었다

아카시아꽃 씨앗 통통 영글어
돌돌 말린 주머니 가득 채우고

둥지에서 튀어나온 씨앗이
바람 속에 휘감겨 날아간다

흙속에 묻힌 씨앗들
각기 제멋대로 내일을 위해
꿈을 꾸고 있다

가을을 보내며

나이들면서 생활 속에
날마다 느끼는 군상들의
궁시렁거리는 소리
언제나 한 번씩 겪는 일이지만

기가 막히게
시끄러운 소음 때문에
오늘은 유달리
짜증나는 하루를 시작한다

언덕배기 나무뿌리에 걸려
기우뚱기우뚱 구르며
나그네 발길에 차여서
납작 엎드려 울다가

길섶에 소복이 쌓여서
바람에 휩쓸려가는
가랑잎을 따라
내 마음도 함께 날아가고 싶다

서릿바람

황금 자락 깔아놓은 둑방에
잘 익은 곡식들
바람 따라 출렁이고

빨강 노랑 색을 입혀놓은 산자락에
단풍나무 숲을 헤치고
떠밀려가는 서릿바람

기러기 떼 하늘길 가르며 날아간다

가을 끝자락에

찬서리 살얼음에
어느새 찬바람 불어오고
낙엽은 쌓여 있네

동산에 산국은 피었는데
어머니 치맛자락에
단풍잎 물들여놓은 가을 밤

북향 창 블라인드를 내리고
스탠드를 켰다
투명한 잉크로 일기를 쓰면

밝은 방에서 사는 일을 잊고
빛이 변하지 않는
북향사람이 되어간다

환상의 빛

햇살이 눈부시게 비쳐주는 아침
방울방울 맺혀 있는 이슬 밟고

발걸음마다 활짝 피어 있는 봄의 화신이
방글방글 웃으며 반겨주네요

각종 생물들의 합창소리 귓전을 때리며
뛰는 가슴 마구마구 울려주네요

노랑 파랑 보라 흰색 갈색 모두
핑크빛 멜로디로
대지를 아름답게 꾸며가네요

자아의지

거의 넘어질 뻔한 비탈길을
미끄러지지 않으려고
안간힘 쓰던 때같이
자기 문제에 갇혀
작은 자아 때문에
더 큰 문제를 볼 수 없게 된다

내 안에 있던 어떤 충동이
행동으로 옮겨질 때
어쩔 수 없는 한순간들이
나를 붙들고 등떠밀려 오르게 한다

인생의 한 고비마다
숨을 쉴 수 없는 안개가 막아설 때
눈을 감고 두 손 모아 서면
푸른 초장에 누운
양떼 같은 구름이
답답한 가슴을 싣고 둥실 떠간다

제4부

내가 부를 수 있는 이름

동면에 하는 여행

푸른 하늘을 그리워하며
예측도 없이
파멸하는 동면에 이르면

어둠 속 깊은 곳에서
휘젓는 두 팔이
검은 벽에 부딪힐 때마다

낙원에서 쫓겨난 불한당의 주먹
고목나무 뿌리를 갉아먹는
벌레들처럼 득실댄다

빛바랜 또 다른 걸림돌
내 안 깊숙한 곳 손이 닿지 않는
어둠 속 동면에 길을 떠난다

내가 부를 수 있는 이름

저녁에 집에 들어와
오손도손 함께 둘러앉은
밥상머리 비어 있는 자리

누군가 찾아와서
마음의 창을 열어
사랑으로 채워준다면

내가 부를 수 있는 그 이름
목청 높여 부르고 싶은데
기억의 틈새로 남아서

그대 생각에 위로를 받고
내 인생에
가장 행복한 하루를 마감하리라

눈 덮인 길을 걸으며

잿빛 하늘에서 함박눈 내려
대지 위에 하얗게 깔아놓고
쉬지 않고 내리는 눈
켜켜이 몸집 불려 쌓아올린다

언덕과 골짝 쌓인 눈밭에
아기 고양이 지나간 발자국
하나 둘 셋 살포시 내린 눈
야옹이 발자국 덮혀준다

머리에 하얀 모자 꾹 눌러쓰고
어깨 위에 내리는 함박눈
툭툭 털어내면 또 쌓이고
소나무 가지마다 흰옷 입혀준다

이 겨울 얼어붙은 사연들이
말끔히 사라지길 바라며
소복이 쌓인 눈길을 한 걸음씩
눈을 맞으며 걸어간다

눈 오는 날

함박눈 맞으며 눈 위를 걸어가며
뽀드득뽀드득 발밑에 부서지는
눈 울음소리 듣는다

아작아작 으깨어지는 살얼음
칼바람에 흩날리는 송이눈
머리 위에 하얀 꽃 피워주고

움츠린 양어깨에 자리를 잡고
어깨 넘어 지나가는 백의의 천사
바람 타고 어디론가 날아간다

멀리 날아가서 깊은 잠 자고
세월 지나 다시 또 찾아와서
내 어깨 위에 하얀 꽃 피워주려무나

하얀 꽃샘추위

땅속 풀뿌리 송곳날 세우고
생명들이 잔디를 들썩이며
용트림하는 삼월에

심술궂은 동장군 쫓겨가며
퍼붓는 함박눈
살얼음 땅에 상처를 터트린다

버들강아지 솜털바람에 날리고
매화나무 불거져 움트는 소리
불끈 솟아나는 싹들의 함성

천지를 진동하는 흙의 전쟁
잿빛 하늘은 구름 몰아내고
햇살은 이 땅에 평화를 불러온다

동백꽃

한겨울 눈밭에
동백꽃 한 송이 툭 떨어져

발자국 자국마다 빨갛게
수놓아가며 기다리는 마음

눈길 따라가는 나그네 봇짐 속에
방울방울 맺힌 서러움

산새들 지저귀며 맴도는 등성이에
햇살이 머물고 간다

겨울 한복판에

밤새도록 함박눈 퍼붓더니
높은 산을 하얗게 품었다
벌거벗은 나뭇가지들
흰옷 입혀놓고
골짜기마다 찬바람 불어와
눈집 지어놓았다

새하얀 눈밭에
산노루 한 마리 내려와
꽃무늬 놓고 지나간 자리
참새들 노루 발자국 위에
세발사진 찍어놓고
파다닥 빨랫줄 위로 날아올라
짹 짹짹 지저귀고 있다

초겨울 풍경

길가에 떨어진 단풍잎에
소복이 내려덮인 눈밭을
바람이 훑고 지나가면

스르르 녹아내리는 눈 위를
밟고 지나간 토끼 발자국

어디서 날아왔는지
참새 떼가 뾰족한 부리로

토끼 발자국 콕콕 쪼아대며
재잘거린다

겨울채비 끝내지 못한 단풍잎
흰옷을 두툼하게 입었다

물 위에 쓴 편지

겨울날 햇살처럼
따뜻한 가슴으로
꽁꽁 언 볼
감싸안아 녹여주며

상한 손가락 싸매어
명주실로
가지런히 매어주던
어머니

무엇과도 바꿀 수 없는
그 사랑
하늘에 닿을 수 있을까
바다를 가를 수 있을까

쌀쌀한 초겨울 아침
파란 강물에
써내려간 손편지
물길 따라 흘러간다

여물통

외양간에 텅 비어 있는 여물통
거들떠보지 않는 어미 소
송아지 어미 젖에 매달려
마구마구 젖을 빨아댄다

눈치 빠른 아버지
여물통에 여물 한가득 채워놓고
어미 소 엉덩이
툭툭 두들겨 주며 많이 먹어라

새끼 젖 주려면
에미가 잘 먹어야지 하시며
어미 소 등을 한 번 더 쓰윽
쓰다듬어 주셨다

어미 소 감사하다는 듯
큰 눈을 껌뻑껌뻑하면서
열심히
여물통을 비워냈다

고난의 날들

새벽 커튼을 활짝 열고
창밖을 본다
하늘빛 고운 숨결

바람에 흔들리는
잎새들
웃으며 반겨주는 아침에

나그네 봇짐 속에 묻혀
수많은 날들을
죄와 함께 못 박아

회복할 수 없는
고난의 시간을
삶 속에 묻어놓고 간다

삼세번

황금밭에 숨어 있던 깜부기
머리를 쏘옥 내밀 때

자갈 모래 걸러내는 재미
시간 가는 줄 모르고

낱낱이 가려내는 부릅뜬 눈
전설처럼 전해오는 삼세번

생활 속에 빼놓을 수 없는
양념 같은 이야기

나이테 세어가며

시각 장애에 발목 잡혀
구원을 구걸하는
고아와 같은 나에게

찐덕찐덕 가슴속에 뭉쳐 있는
나쁜 습관
스멀스멀 기어나와
세상 속에 나를 묻어버리고

사랑의 음성 메아리처럼
다가와서
하나님의 뜻을 알게 하셨다

측백나무 나이테
손가락 끝으로 꾹꾹 눌러
한 눈금씩 세어가며
생명의 숨소리 듣는다

바람 업고 가는 구름

하얀 구름집에 실려서

하늘 끝을 향하여

떠밀려가는 바람꽃

가도 가도 끝없는

파란 하늘길에

구름은 바람을 업고

바람은 구름을 끌고 간다

감자

어둑한 곳간 한구석 씨감자
움푹 파인 눈 동강 내어
흙속에 묻었다

딱딱한 땅 뚫고 촉 내민 감자군단
파란 이파리 나풀나풀
줄기 따라 보라 꽃 피워내면
벌 나비 살포시 꽃술에 입맞추고

흙무덤 속에 알알이 줄줄이
세상구경 신난 감자 가족
오순도순 밥상에 사랑을 담아
포근히 품어주고

멋모르고 뛰어든 장기판에
검둥개 흙탕물 튀겨가며
지지고 볶아대는 패싸움
혓바닥에 뜨거운 감자

단호박

가뭄 끝 내린 단비에
호박잎 너울너울

단호박넝쿨 기세등등
줄기에
방울 하나 대롱대롱

밤이슬 먹고 살찌워서
햇볕에
고운 옷 입혀

담 너머
숨바꼭질한다

동네 한 바퀴

새벽 홰치는 닭 울음소리에
외양간의 잠 덜 깬 송아지 뛰어나와
검둥개 엉덩이 툭 치고 달아난다

초가집 굴뚝에 아침밥 짓는 연기
모락모락 온 동네 구름꽃 피어나니
구수한 밥 냄새에 콧등이 시큰하다

밤새도록 만개한 곱디고운 분꽃
아침 이슬방울에 씨앗을 품고
밝은 낮 태양 아래 긴 잠을 자는구나

잔나비처럼

그대를 위한 지혜로
만물 위에 올려놓은
나무 꼭대기의 잔나비처럼

뜨거운 여름밤은 가고
누군가를 위해 남겨둔 추억들
새하얗게 빛이 바래이면

남은 건 아무것도 없지만
쌓아올린 모래성
무너지지 않기를 바라며

볼품없이 비틀거릴 때
회색노을이 짙어지면
숲속에 어우러진 하얀 잔나비

눈 치우기

밤새도록 쏟아져서
소복이 쌓인 눈
아침 일찍 일어나
눈삽으로 득득 긁어내어
빼꼼이
사람 지나갈 길 만들어 놓았다

지나가던 노인장
수고하십니다 하시더니
쯧쯧
젊은이는 다 어디 가고
할망구가 눈을 치우네
투덜투덜
노인 입김이 뜨겁다

겨울 문턱에서

갑자기 찾아온 초겨울
냇가의 갈대 휘청이며

동장군 칼바람 몰고 와
서릿발에 날개 찢긴 까치
논바닥에 나뒹굴고

찬바람에 갈라진 피부에
냉기가 스며들어
앙가슴 휘몰아갈 때

추억에 얽힌 길목 언덕에서
속 깊은 약속에 마음 설렌다

초겨울

초겨울 찬바람에 두 볼이 시려오고
신작로 가로수 잎 좌우로 나뒹굴고

첫눈을
부르는 듯이
하늘은 깜깜하다

먹구름 잿빛 하늘 눈보라 나부끼고
대지는 은빛세계 흰눈이 소복소복

강아지
제 세상인 양
이리저리 뛰놀고

또 한 해를 보내며

새뜻하게 시작한 신년 계획
꿈결처럼 날아가고
바람이 시간을 끌고 계절을 바꿔놓았다

곱게 물든 단풍잎 떨어지고
다람쥐 쳇바퀴 돌리듯
또 한 번 가을과 작별한다

동장군 앞세우고 찾아와서
함박눈 퍼붓는 들판에
참새 떼 발자국 남겨놓고

한 해를 보내며 한 장 남은 카렌다
포인세티아 꽃잎같이
가만히 떼어낸다

작품 평설

삶의 모든 순간이
자연과 사람과의 어울림

김수연
(시조시인, 문학평론가)

삶의 모든 순간이
자연과 사람과의 어울림
−박문순 시인의 시집 『꽃 피는 모든 순간』

김수연
(시조시인, 문학평론가)

　박문순 시인은 늦은 나이에 시 쓰기를 시작하여 (사)화백문학을 통해 등단한 이래로 『아프다고 말하리라』 등 세 권의 시집을 발간한 바 있다.
　『꽃 피는 모든 순간』은 그의 네 번째 시집으로, 자연에 대한 깊은 성찰과 사유로 그의 숨결을 가슴으로 그려가는 수채화 같은 시편들이다.

　박문순 시인의 시는 시인이 자연과 인간의 삶을 주제로 선정해 관찰하며 시 창작으로 이어가는 심오한 삶의 내면이 감성으로 다가오는 서정성이 돋보여 잔잔한 감동을 주고 있다.
　시인의 시 세계는 그만의 독특한 아름다운 일상사를 풍경화로 그려놓은 듯 선하게 다가온다.

멀리 아지랑이 피어나고
매화가지에는
꽃눈이 부풀었다

뒤질세라
산수유 가지에도
노란 멍울 두근두근

버드나무 연두색으로 물젖어
봄 언덕에 풀던 날

하늘에 새털구름 떠다니며
물구름 집짓고
흥에 겨워 장단 맞추니

봄바람도 사달 나서
몸부림으로 화답하는
모든 순간이 꽃이다
―「모든 순간이 꽃이다」 전문

 박문순 시인의 시 쓰는 비법은 사물의 상징을 데려와 자신의 심중을 대신 말하게 한다.

시인의 시편에서 하고 싶은 말, 색깔 있는 생각은 자연을 대상으로 삼고 있다.

꽃, 아지랑이, 구름, 바람 등을 끌고 와 살아온 인생 여정의 표정을 쉬운 언어로 꾸며서 독자와 이야기를 나누고 싶어 한다.

    아지랑이 굴러오는 봄
    홍매화 한 가지 꺾어
    강물에 띄우고 돌아보면

    지는 해 그림자
    물길 따라서
    노을도 흘러 흘렀다

    스쳐가던 바람
    산비둘기와 무슨 얘기 나누었을까

    발길에 차이는 작은 돌멩이
    가는 길 조심하라고
    속삭이고 굴러갔다
                    -「돌멩이에 차여도」 전문

시인이 시를 통해 상황을 표현할 때는 살아 움직이는 것처럼 느껴져 이해하기 쉽고 공감하게 된다.

시인이 쓴 시는 곧 자신이며, 자화상이다. 시 의식의 사물 관찰법에서 자연에 반응하는 시인의 마음가짐이 시어를 통해 자연의 새로운 모습으로 탄생한다.

시인이 세상을 살면서 자기 주변에서 일어나는 모든 일에 부대끼면서 풀어놓은 시들은 내면세계의 표정으로 고백하고 있다.

> 멀리 산기슭에
> 푸른 잎들은 무성한 시어를 매달고
> 은혜의 숲으로 인도한다
>
> 잔잔히 스며드는 아침 안개
> 발길에 차이는 이슬 밟으며
> 풀들과 대화를 나누며
> 지혜의 글밭을 걸어간다
>
> 초록색 꿈 부풀면
> 욕심 내려놓고 홀가분히 나아간다

뜨겁게 목숨 걸고 소리치는 매미
사람 됨됨이 겸손하라는
가르침의 소리다

―「지혜의 숲으로」 전문

박문순 시인의 시는 젊다. 자신과 환경, 자신과 타인의 경계를 허물고 하나가 되는 시의 구성과 이미지와 상상은 그만이 가지고 있는 독특한 시적 특징으로, 시의 흐름이 간결하고 유연하며 감성이 풍부해 순수하고 맑게 다가온다.

기도하는 심정을 느끼게 하는 '나'를 찾는 질문들은, 모두를 위로하고 희망을 펼쳐놓으며, 의미 있는 시 창작을 하고 있다.

끝으로, 박문순 시인의 마음 깊은 곳에 잠겨 있는 느낌과 생각을 언어로 그려가는 삶의 이야기들을 수채화로 그려놓은, 누군가와 이어질 수 있는 글 앞에 서면, 머뭇거리다 지우기를 반복하고 문맥을 다듬은 흔적을 명료하게 보여주는 구절도 있고, 한쪽으로 비켜서서 응시하는 글도 있다.

자연과 하나 되는 체험을 통해 인간생활의 순수한 정신세계를 이루고 있는 박문순 시인의 제4시집

『꽃 피는 모든 순간』의 시편들은 잔잔한 감동을 준다. 모든 사람에게 위로가 되고 사랑을 나누어 주는 박문순 시인에게 앞으로 문운이 대성하기를 바라는 바이다.

봄바람도 사달 나서

몸부림으로 화답하는

모든 순간이 꽃이다

−「모든 순간이 꽃이다」 중에서